şte Mert!

TÜRKİYE İŞ BANKASI
Kültür Yayınları

İŞTE MERT! - MERT'İN OYUNCAĞI
SALLY RIPPIN

ÖZGÜN ADI
HEY JACK! - THE TOY SALE

First published in 2014 this edition published in 2022 by
Hardie Grant Children's Publishing Wurundjeri Country, Australia

RESİMLEYEN
STEPHANIE SPARTELS

ÇEVİREN
AHU AYAN

EDİTÖR
NEVİN AVAN ÖZDEMİR

1. BASIM: AĞUSTOS 2022
2. BASIM: MAYIS 2023
Genel Yayın Numarası: 5608

ISBN 978-625-429-166-1

BASKI
UMUT KAĞITÇILIK SAN. VE TİC. LTD. ŞTİ.
KERESTECİLER SİTESİ FATİH CAD. YÜKSEK SOK. NO: 11/1
MERTER/GÜNGÖREN/İSTANBUL
Tel. (0212) 637 04 11 Sertifika No: 45162

TÜRKİYE İŞ BANKASI KÜLTÜR YAYINLARI
İSTİKLAL CADDESİ, MEŞELİK SOKAK NO: 2/4 BEYOĞLU 34433 İSTANBUL
Tel. (0212) 252 39 91
Faks (0212) 252 39 95
E-posta: info@iskultur.com.tr
www.iskultur.com.tr

İşte Mert!

Mert'in Oyuncağı

Sally Rippin

Resimleyen: Stephanie Spartels

TÜRKİYE İŞ BANKASI
Kültür Yayınları

Mert meşgulken

Birinci Bölüm

Bugün, Mert'in işi başından aşkın. Çünkü evlerinin bahçesine bir masa yerleştirecek ve burada eski oyuncaklarını satacak.

Kazandığı parayla futbol kartlarını yerleştireceği güzel bir klasör almayı hedefliyor.

Mert, oyuncak kutusunu elden geçirdi. Varlığını bile unuttuğu oyuncaklarını bulup çıkardı. Sonra da hepsini kümelere ayırdı.

Şimdi Mert'in üç ayrı kümesi var. Biri satılacak oyuncaklar, biri saklanacaklar…

Üçüncü küme ise kararsız kaldığı oyuncaklardan oluşuyor.

Mert, bu kümeyi uzun uzun inceledi. Oyuncaklardan bazıları gerçekten çok güzel.

Mert, ince eleyip sık dokuyarak karar vermeye başladı. Oyuncaklardan bazılarını satılacaklar kümesine, bazılarını saklanacaklara yerleştirdi.

Derken, önünde tek bir oyuncak kaldı. Bir robot köpekti bu. Mert'e Yılbaşı hediyesi olarak verilmişti. O zamanlar **havlayabiliyor** ve **takla** atabiliyordu. Ama sonra bozuldu.

Mert, robot köpeği eline aldı. Ne yapacağına bir türlü karar veremiyordu.

Sonunda köpeği satılacaklar kümesine koydu. Ne de olsa artık çalışmıyordu, onunla oynamak eskisi gibi eğlenceli değildi. Mert, evlerinin garajının önüne tezgâhını kurdu. Satacağı bütün oyuncakları güzelce yerleştirdi.

Bir kâğıda şöyle yazdı:

Satılık Oyuncaklar!

Sonra da her bir oyuncak için fiyat etiketi hazırlamaya başladı.

O sırada, Mert'in en yakın arkadaşı ve komşusu Beren yanına geldi. Tezgâhın

üzerindeki oyuncaklara baktı.

"Almak istediğin bir şey var mı?" diye sordu Mert.

"Olabilir," dedi Beren, öylesine. Derken, robot köpek gözüne ilişti.

"Aa, bunu da mı satıyorsun?" Beren şaşırmış gibiydi.

"Artık çalışmıyor."

Beren, köpeği eline alıp baktı. "Belki pili bitmiştir."

"Yok, yeni pil takmayı denedim, olmuyor."

"Kaça satıyorsun?"

Mert, bir an düşündü. Buna henüz karar vermemişti.

"Eee... Sonuçta buradaki en güzel oyuncak olduğu için... 50 TL."

Beren, pek hoşnut olmamıştı. "O kadar param yok," dedi buruk bir sesle. "Ama Ayşe'de olabilir! Öğleden sonra bize gelecek."

"Harika!" dedi Mert. "Ayşe'yi buraya da getir."

Beren gittikten sonra Mert bütün fiyat etiketlerini yazıp yerleştirdi.

Sonra oturup beklemeye başladı. Ama gelen giden yoktu.

Mert'in köpeği Kırpık, ağzında topuyla tezgâha yanaştı.

"Şimdi olmaz Kırpık," dedi Mert. "Çok meşgulüm."

Mert'in canı sıkılmaya başladı. Esneyip duruyordu. İçinden "Hadi Beren, çabuk ol!" dedi. "Tezgâhıma birilerinin gelmesi lazım!"

Satılık Oyuncaklar!

İkinci Bölüm

Sonunda, Beren'in evinin önüne bir araba yanaştı. Arabadan inen Ayşe'ydi. Beren, evden çıkıp koşa koşa arkadaşını karşılamaya gitti.

"Merhaba Ayşe!" diye seslendi Mert.

"Selam Mert!" Ayşe, Mert'e el salladı. "Ne yapıyorsun orada?"

"Bazı oyuncaklarımı satıyorum," dedi Mert. "Gelip bir baksana!"

Beren ile Ayşe, Mert'e doğru koştu.

Ayşe, tezgâha bakar bakmaz, "Vay vay vay, ne güzel bir robot köpek bu," dedi. "Fiyatı nedir?"

"50 TL," dedi Mert.

Ayşe’nin yüzü asıldı.

“Ne kadar pahalıymış.”

Mert, pek oralı olmadan omuz silkti. "Güzel bir oyuncak, tabii fiyatı da ona göre. Ama istersen başka bir şey de alabilirsin."

Ayşe, birkaç oyuncağı eline alıp inceledi.

Ama Mert de çok iyi biliyor ki, diğer oyuncaklar robot köpeğin yanından bile geçemez.

"Mert, yapma böyle,"
dedi Beren. "Ayşe bizim
arkadaşımız. Ona daha
uygun bir fiyat vermelisin."

Mert, başka bir şey önerdi. "Sana şu iki lego adamı etiketin yarı fiyatına veririm."

Ama Ayşe başını sağa sola salladı. "Bir sürü legom var zaten." Sonra da cüzdanını çıkardı ve parasını saydı.

"Bende sadece 30 TL var," dedi.

“Robot köpeği bu paraya satar mısın?”

“Hımmm…” diye geveledi Mert.

Beren, Mert'in kararsızlığını görünce kızdı.

"Mert, bu oyuncak çalışmıyor bile," dedi.

"Peki, peki," dedi Mert **ağır ağır**. "Öyle olsun."

Parayı aldı ve robot köpeği Ayşe'ye verdi.

"Ay, ne kadar şirin bir oyuncak bu!" dedi Ayşe.

"Hadi Beren, size gidelim, oyuncakla biraz oynayalım."

Böylece iki arkadaş, robot köpeği de alıp koşa koşa Beren'in evine gitti.

Mert, uzaklaşan arkadaşlarını seyretti. Sonra da avucundaki paraya baktı. Aslında sevinçli olmalı, bunu kendisi de biliyor. Sonuçta ilk ve tek satışını yaptı.

Üstelik, 5 TL daha kazandığında istediği klasörü almak için yeterli parayı toplamış olacak.

Ama nedense kendini bir **tuhaf** hissediyor Mert.

Acaba robot köpeğini satmasa mıydı? Yoksa onu satmayı aslında istememiş miydi?

Üçüncü Bölüm

Mert, öğleden sonrayı tezgâhının başında geçirdi. Kırpık da topuyla tezgâhın altına uzandı, Mert'e eşlik etti. Kırpık, halinden **memnun** değil.

Mert de Kırpık'la koşup oynamak isterdi, ama yerinde kalıp tezgâhıyla ilgilenmesi gerekiyor.

Yakınlarda oturan iki çocuk, Mert'in tezgânına bir bakmaya geldi.

Çocuklardan biri, 1 TL vererek lego adamlardan birini satın aldı. Diğer çocuk ise *Yıldız Savaşları* baskılı fincanı, 2 TL karşılığında aldı.

İkisi de yeni eşyalarını çok sevmişe benziyordu.

Mert, beklemeye devam etti. Bekledi, bekledi…
Ama başka müşteri gelmedi.

Mert yine sıkılmaya başladı.

Sonunda dayanamadı, bir kâğıda şöyle yazdı:

15 dakika sonra döneceğim!

Kâğıdı tezgâhın önüne yapıştırdı.

Beren ile Ayşe'nin, arka bahçeden gelen seslerini duymuştu Mert. Ne oynadıklarını merak ediyordu. Kendi evinin arka bahçesine geçti ve kızlara kulak verdi.

Beren ile Ayşe, kahkahalarla gülüyor, minik **sevinç** çığlıkları atıyorlardı. Ama farklı bir ses de duyuyordu Mert; yapay bir havlama sesiydi bu. Tıpkı robot köpeğininki gibi!

Mert, bahçe çitinin aralığından karşı bahçeye bakacak oldu. Tam o sırada,

Beren ile göz göze geldi.
“Mert, şuna bak!” diye avaz avaz bağırdı Beren.

"Oyuncağı çalıştırmayı başardık! Meğer pillerin uçlarını ters yerleştirmişsin."

"Çok tatlı, değil mi?" diye, gülerek ekledi Ayşe. "Şuna bakın, nasıl zıplıyor. Tıpkı gerçek bir köpek yavrusu gibi."

Beren ile Ayşe, oyuncak köpekle oynarken çok ama çok **eğleniyorlardı** besbelli.

Mert, oyuncak köpeğini sattığına gerçekten çok pişman olmuştu.

Aksi bir tavırla, "Ben oyuncak bozuldu sanmıştım!" dedi. "Eğer hâlâ çalıştığını bilseydim onu asla satmazdım!"

Beren, hiç oralı olmadı. Omuzunu silkerek, "Ama oyuncak artık Ayşe'ye ait," dedi.

"Hiç adil değil bu!" diye bağırdı Mert. "Robot köpek bu haliyle 30 TL'den çok daha fazla eder!"

Kızlar, Mert'e ters ters baktılar.

"Hiç de bile! Mızıkçılık ediyorsun!" dedi Ayşe.

Mert öfkelendi. Beyni fokur fokur kaynıyor gibiydi. 'Bu saçma standı hiç kurmamalıydım!' diye düşündü. Sonra da koşa koşa odasına gitti ve yatağın altına girdi.

İşler çok ters gittiğinde

Mert hep buraya sığınır.

Mert, düşündü taşındı, robot köpeğini geri almanın bir yolunu bulmaya çalıştı.

'Onlar başka yöne bakarken köpeği alıversem?' diye düşündü ama hemen vazgeçti. "Olmaz, o zaman köpeği çalmış olurum."

'Acaba köpeği başka bir oyuncakla takas etmeyi mi önersem?' diye içinden geçirdi. Ama bu fikri de beğenmedi. 'Vermek istediğim bir oyuncağım yok ki.'

"O zaman Ayşe'ye parasını geri vereyim," dedi bu kez. Sonra da "O zaman da klasörü alacak param kalmaz," diyerek bu fikirden de vazgeçti.

Derken, yumuşacık ve sıcacık bir şeyin, yanına geldiğini hissetti. Gelen, Kırpık'tı. Mert'in yanağını yaladı.

Mert, kıkırdayarak Kırpık'a kocaman sarıldı. Öfkesi uçup gitmişti bile.

Galiba bu robot köpek meselesini biraz abartmıştı…

Sonuçta Ayşe ile bir anlaşma yapmış ve oyuncağı vermişti. Şimdi sözünden dönmeye değer miydi? Mert, biraz düşününce aslında oyuncağı geri istemediğini anladı.

Robot köpekle aylardır oynamamıştı. Çünkü Mert'in gerçek bir köpeği vardı zaten. Bir robot köpekle kıyaslanamayacak kadar harika bir köpek!

Mert, Kırpık'a seslendi.

"Hadi Kırpık. Arkadaşlarımın yanına gidelim ve Ayşe'nin robot köpeğiyle hep beraber oynayalım!"

İşte Mert'in Eğlenceli Maceraları